Dieses Buch gehört:

_____

Rainer Wolke

Wickie und der geheimnisvolle Fremde

Wickie und die starken Männer
Lesen lernen
Leseanfänger

Klett Lerntraining

Bibliografische Information der Deutschen Nationalbibliothek
Die Deutsche Nationalbibliothek verzeichnet diese Publikation in der
Deutschen Nationalbibliografie; detaillierte bibliografische Daten sind
im Internet über http://dnb.d-nb.de abrufbar.

Dieses Werk folgt der neuesten Rechtschreibung und Zeichensetzung.

Auflage 3 2 1 | 2016 2015 2014
Die letzten Zahlen bezeichnen jeweils die Auflage und das Jahr des letzten Druckes.

© Klett Lerntraining, c/o PONS GmbH, Stuttgart 2014. Alle Rechte vorbehalten.
www.lesedrachen-club.de
Der Online-Zugang zum Leseführerschein ist bis drei Jahre
nach Erscheinen des Buches gewährleistet.
Teamleiterin Grundschule und Kinderbuch: Susanne Schulz
Redaktion: Julia Maisch
Umschlaggestaltung und Layout: Sabine Kaufmann, Stuttgart
Illustrationen: Julian Jordan, Luis-José Beltran, Iñigo Motxo/Comicon, Barcelona
Satz: TEBITRON GmbH, Gerlingen
Druck: Druck: Himmer AG, Augsburg
Printed in Germany
ISBN 978-3-12-949238-3

Inhalt

Das Versteck im Wald

Ist das ein Jubel in Flake!
Wickie und die starken Männer
kehren nach langer Zeit
von ihrem Beutezug zurück.
Das Drachenboot ist voll beladen
mit wertvollen Schätzen.

„Alle Seeleute, die uns gesehen haben,
waren grün vor Neid!",
brüllt Halvar stolz durch ganz Flake.
„Aber jetzt vorwärts, Männer!
Alles muss in unser Geheimversteck
in den Wald. Zack, zack!"
Die Wikinger packen gerne mit an.

Mitten im Wald bleibt Halvar
vor einem großen Felsen stehen.
„Hier wird garantiert niemand
unseren Schatz finden",
ist sich Halvar sicher.
Doch Wickie wundert sich:
„Aber hier ist doch gar kein Versteck!"
Der alte Urobe lächelt geheimnisvoll:
„Du siehst es bloß nicht",
erklärt er und zeigt auf einen Felsen.
„Deshalb heißt es ja Geheimversteck!"

Und dann …

„Fertig, Männer. Zurück ins Dorf!",
gähnt Halvar müde.
„Aber Vater, wir können die Schätze
doch nicht einfach hier lassen",
wundert sich Wickie.
„Du hast recht, Junge", nickt er.
„Faxe, du bist der Stärkste.
Du bleibst als Wache zurück!"

Die Wikinger machen sich
auf den Heimweg
und legen sich bald schlafen.
Aber Wickie schläft
in dieser Nacht gar nicht gut.
Immer wieder träumt er,
dass der Schatz gestohlen wird.

9

Ein Händler in Flake

„Alarm, Alarm!", brüllt Gorm
früh am nächsten Morgen.
„Ein Fremder ist im Dorf!"
Sofort zieht Halvar sein Schwert.
„Langsam, langsam!", ruft der Fremde.
„Ich bin Händler und verkaufe
die schönsten Stoffe der Welt."

„Davon kann sich meine Ylva
ein neues Kleid nähen“,
freut sich Halvar.
„Wie viel soll dieser Stoff kosten?“,
fragt er und zeigt aufgeregt
auf einen Stoff mit gelbem Muster.
Der Fremde verlangt drei Goldstücke.
„Nur drei Goldstücke?“, jubelt Halvar.
„Die sollst du haben. Komm mit!“

Halvar führt den Händler in den Wald.

„Vater!", warnt ihn Wickie.

„Du darfst dem Fremden doch nicht
unser Geheimversteck zeigen!"

Aber Halvar winkt ab.

„Der Mann ist ein ehrlicher Händler",
antwortet er lässig.

„Das rieche ich zehn Meilen
gegen den Wind."

Schnell holt Halvar drei Goldstücke
aus dem geheimen Versteck
und gibt sie dem Fremden.

Der Händler verabschiedet sich ...

Er geht zurück zu Halvar und jammert:
„Mein Boot ist auf Grund gelaufen,
wie komme ich jetzt nach Hause?"
„Bleib doch noch ein paar Tage hier",
lädt Halvar ihn freundlich ein.
„Gemeinsam reparieren wir dein Boot."

Wickie bekommt einen Schreck.

„Vater, Vater!", flüstert er.

„Der Mann lügt. Er hat das Loch
selbst in sein Boot geschlagen!"

Grimmig sieht Halvar seinen Sohn an:

„Wickie, so ein Blödsinn!

Kein Seemann schlägt
sein Boot kaputt."

Wickie schluckt. Keiner glaubt ihm.

15

Wickie hat eine Idee

Der geheimnisvolle Fremde
führt nichts Gutes im Schilde,
da ist sich Wickie ganz sicher.
Aber keiner will ihm glauben.
Was soll er nur machen?
Wickie überlegt.

16

„Ich hab's!", ruft er auf einmal.
Schnell packt er seinen Rucksack
und schleicht leise aus dem Haus.
Der Fremde und Halvar
sitzen gemeinsam in der Küche.
Sie bekommen davon nichts mit.
So schnell er kann, läuft Wickie
zum Geheimversteck.

Schon von Weitem ruft Wickie:
„Hallo, Faxe!"
Gelangweilt hockt Faxe
vor dem Eingang der Höhle.
„Kann ich jetzt zurück nach Flake?",
fragt er erfreut.
„Ich habe solchen Hunger!"
Doch Wickie schüttelt den Kopf.
„Nein", antwortet er.
„Aber ich habe einen Plan
und brauche dich hier.
Hilfst du mir?"

Faxe ist neugierig ...

„Jetzt muss die Falle
nur noch zuschnappen",
freut sich Wickie.
„Hihihi, das wird ein Spaß",
lacht Faxe vergnügt.
Wickie geht zurück nach Hause.
Im Hühnerstall legt er sich
auf die Lauer.

20

Bald haben sich alle schlafen gelegt.

Plötzlich öffnet sich die Haustür.

Der geheimnisvolle Fremde

tritt mit einer Laterne vor die Tür.

Leise läuft er in Richtung Wald.

Wickie schleicht ihm nach.

Ihm ist sofort klar,

was der Mann nun vorhat!

21

Die Falle schnappt zu

Doch Wickie muss sich wundern.
Der Mann will gar nicht in den Wald!
Er geht zum Meer hinunter.
Sapperlot!
Ist der Mann am Ende
doch ein ehrlicher Händler?

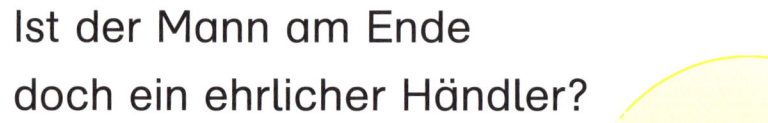

Am Ufer schwenkt der Fremde
die Laterne hin und her.
Kurz darauf legt ein Boot an.
Es steckt voller finsterer Piraten.
„He Männer, da seid ihr ja endlich!",
begrüßt sie der Fremde mürrisch.
Wickie flüstert leise:
„Der Fremde ist der Anführer der
Piraten! Ich wusste doch, da ist
was faul."

23

Wickie beeilt sich, um vor den Piraten
am Geheimversteck zu sein.
Doch der Weg durch den Wald
ist nachts nicht einfach zu finden.
Die Piraten sind ihm die ganze Zeit
dicht auf den Fersen.
Schon von Weitem hört man Faxe
laut schnarchen.
„Der schläft wie ein Baby!",
ruft der falsche Händler.
„Auf geht's Männer!
Holen wir uns die Schätze."

Doch so leicht geht das nicht ...

Das Geschrei hat ganz Flake geweckt.
Alle starken Männer kommen
in den Wald zum Geheimversteck.
Sie schwingen ihre Fäuste.
„Hilfe, Hilfe!", brüllen die Piraten
und rennen davon.
Schnell wie der Blitz sind sie
auf ihrem Boot und legen sofort ab.

„Die sehen wir nie wieder!",
tönt Halvar zuversichtlich.
„Der Fremde kam mir gleich
so verdächtig vor."
Wickie lacht und zwinkert Faxe zu:
„Gut gemacht! Unsere Falle
hat richtig gut funktioniert!"

Starke Fragen
für helle Köpfe

1 Womit kehren die Wikinger nach Flake zurück?

G ☐ mit Schätzen

O ☐ mit Stoffen

S ☐ mit Teppichen

2 Wieso erschrickt Wickie im Geheimversteck?

L ☐ Eine Spinne krabbelt über seine Hand.

O ☐ Eine Fledermaus flattert durch die Höhle.

J ☐ Ein Wolf steht vor ihm.

3 Wieso soll Faxe
das Geheimversteck bewachen?

L ☐ weil er so stark ist

P ☐ weil er so schlau ist

D ☐ weil er so müde ist

4 Wieso hat Wickie in der Nacht
schlechte Träume?

W ☐ Er hat Angst im Dunkeln.

M ☐ Er hat Angst vor dem Fremden.

D ☐ Er hat Angst, dass der Schatz
gestohlen wird.

5 Der Fremde kommt als Händler
nach Flake. Womit handelt er?

D ☐ mit Edelsteinen

S ☐ mit Stoffen

V ☐ mit Kleidern

 **Warum zerstört der Fremde sein Boot?**

Q ☐ Er ist wütend.

J ☐ Er mag sein Boot nicht.

T ☐ Er will in Flake bleiben.

 **Wer baut die Falle im Wald?**

N ☐ Wickie und Halvar

Ü ☐ Wickie und Faxe

L ☐ Wickie und Urobe

 Womit hätte der Fremde seine Kameraden auch nach Flake lotsen können?

C ☐ mit einer Fackel

Y ☐ mit einem Stock

P ☐ mit einem Stück Stoff

9 Was fliegt den Piraten um die Ohren, als sie die Schätze klauen wollen?

B ☐ Pfeile

H ☐ Goldklumpen

K ☐ Wasserbomben

10 Der Überfall hätte verhindert werden können, wenn...

A ☐ Ylva einen Kuchen gebacken hätte.

E ☐ Halvar auf Wickie gehört hätte.

W ☐ Ulme ein Lied gesungen hätte.

Trage die richtigen Buchstaben in die Kästchen auf Seite 38 ein.

Mitmach-Seiten

VRESTECK

_____

HÄNDLRE

_____

FLESEN

_____

FREMDRE

_____

OGLDSTÜCKE

_____

Die Wörter wurden wild
durcheinander gewirbelt.
Ordne die Buchstaben,
und schreibe dir Wörter
auf die Linien.

LAETRNE

_____

RUCKASCK

_____

PIRATNE

_____

WADL

_____

HÜHNRESTALL

_____

34

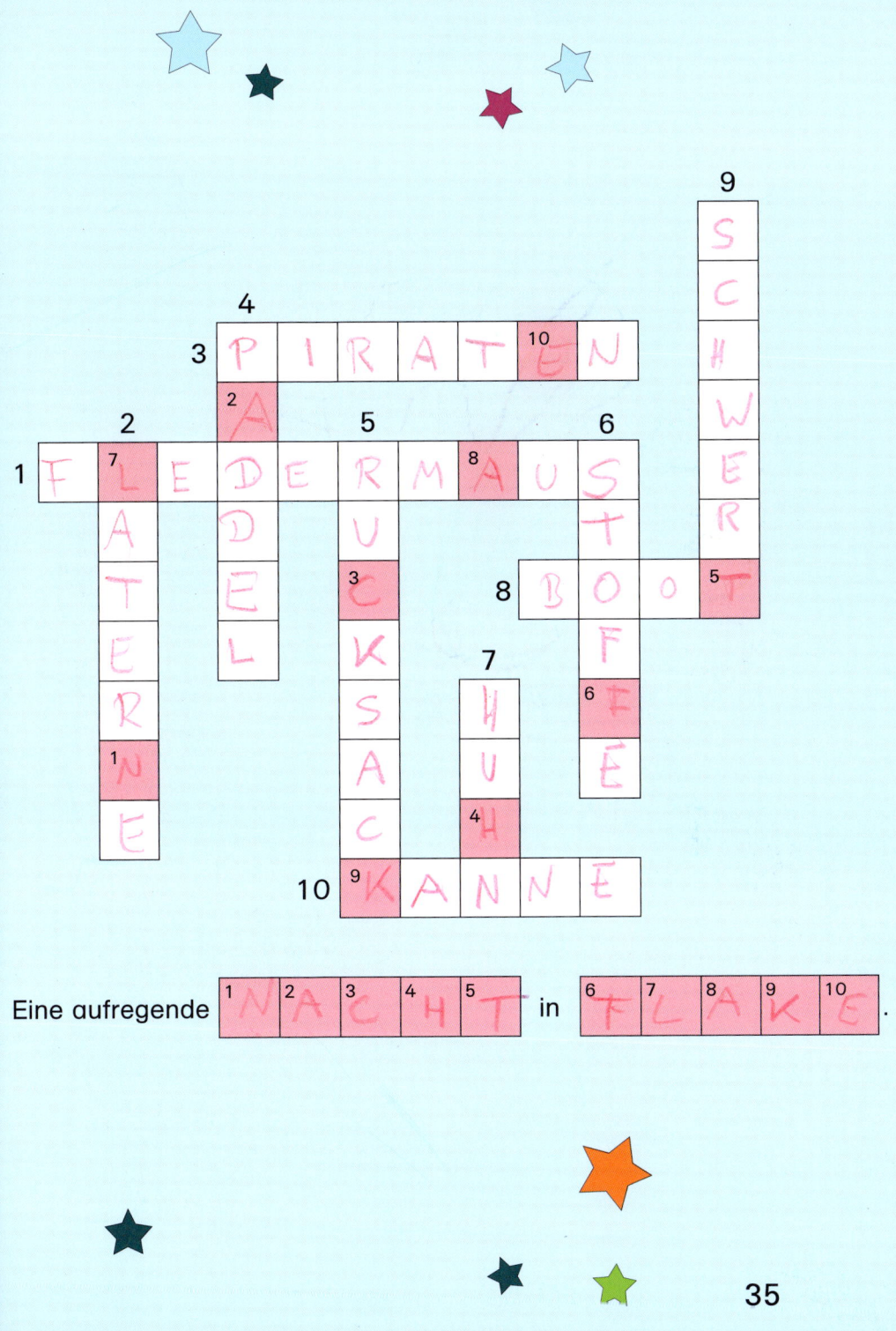

9 S C H W E R

4
3 P I R A T E N

2 A
2 **7**
1 F L E D E R M A U S
8

L A
3
A D C
T E K
E L S
R A
1 N C
E H
7 **6**
5 U F
8 B O O T
5

4
H É
10 **9** K A N N E

Eine aufregende **1** N **2** A **3** C **4** H **5** T in **6** F **7** L **8** A **9** K **10** E .

35

Wickie sucht den Weg zum Schatz.
Doch welcher ist der richtige Weg?
Kannst du ihm helfen?

36

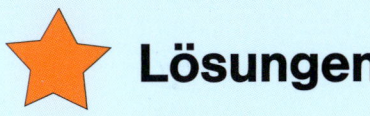 # Lösungen

Seite 32/33

Versteck	Rucksack
Händler	Laterne
Felsen	Piraten
Fremder	Wald
Goldstücke	Hühnerstall

Seite 34/35

Eine aufregende N A C H T in F L A K E .

Seite 36

Weg Nummer drei führt Wickie zum Schatz.

Lese-Führerschein

Lösungswort

Hast du alle Fragen beantwortet?
Dann trage hier die Buchstaben der
richtigen Antworten ein.

1 2 3 4 5 6 7 8 9 10

Tipp: Das Lösungswort hat etwas mit
der Geschichte zu tun!

Gehe jetzt gemeinsam mit deinen
Eltern auf **www.lesedrachen-club.de**

So geht's zum Lese-Führerschein

1. Melde dich kostenlos mit einer E-Mail-Adresse und einem Passwort an.

2. Klicke dann auf Start, und wähle auf der Seite dein Buch aus.

3. Gib nun das Lösungswort ein, bestätige die Eingabe mit OK. Schon hast du 100 Punkte auf deinem Punkte-Konto gutgeschrieben!

4. Nun kannst du dich mit den Lese-Übungen, die für dein Buch angezeigt werden, im Lesen richtig fit machen und die noch fehlenden 50 Punkte für deinen Lese-Führerschein sammeln.

5. Hast du alle Fragen richtig beantwortet? Dann wartet dein Lese-Führerschein auf dich!

Viel Erfolg!

Lesen lernen mit dem Schulbuchprofi ...

... und Wickie,
mit starken Fragen für helle Köpfe

Wickie und die starken Männer
Wickie und das See-Ungeheuer
Leseanfänger
978-3-12-949237-6

Mit Comics!

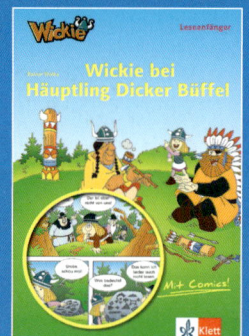

Wickie und die starken Männer
Wickie bei Häuptling Dicker Büffel
Leseanfänger
978-3-12-949229-1

Mit Comics!

Wickie und die starken Männer
Das Geheimnis von Burg Eisenstein
Leseanfänger
978-3-12-949228-4

Mit Comics!

Wickie und die starken Männer
Wickie in der Klemme
1. Klasse
978-3-12-949068-6

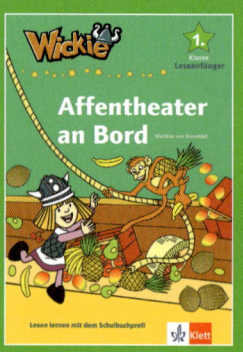

Wickie und die starken Männer
Affentheater an Bord
1. Klasse
978-3-12-949052-5

Wickie und die starken Männer
Wickie wird entführt
2. Klasse
978-3-12-949053-2

Wickie und die starken Män
Das große Hicksen
2. Klasse
978-3-12-949054-9

Studio 100

© 2014 Studio 100 Media GmbH
www.studio100.de

Für Wickie Fans von jung bis alt –
Wissenswertes rund um Wickie und die starken Männer

**Wickie
und die starken Männer
Das Fanbuch
978-3-12-949128-7**

Fördert mit Spaß:
Deutsch, Rechnen und Konzentration

**Wickie
und die starken Männer
Clever durch die 1. Klasse mit Wickie
978-3-12-949290-1**

© 2014 Studio 100 Media GmbH
www.studio100.de